AF324432

LETTRES PATENTES

DV ROY, PORTANT

IVSSION AV GRAND

Conseil de verifier sans restriction & modification quelconque ses Edicts pour le rachapt
de toutes sortesd'alienations des
biens Ecclesiastiques.

*Ensemble l'Arrest de verification
dudit Grand Conseil.*

A PARIS,

Iouxte la copie imprimee par
Anthoine Estienne.

M. DC. XXII.

(22)

✿ ✿ ✿ ✿ ✿ ✿ ✿ ✿ ✿ ✿ ✿

LETTRES PATENTES

*du Roy, portant iußion au Grand
Conseil de verifier sans restriction & modification quelconque
ses Edicts pour le rachapt de toutes
sortes d'alienations des biens Ecclesiastiques.*

LOVIS par la grace de
Dieu Roy de France &
de Nauarre, à nos amez
& feaux Conseillers te-
nans nostre Grand Conseil, Salut.
Nos chers & bien-amez les Agens
generaux du Clergé de cestuy nostre Royaume ayants poursuiuy
pardeuant vous la verification de
nos Lettres Patentes en formé de
Chartre, du mois de Iuillet 1616.
par lesquelles no⁹ auós cótinué aux
Ecclesiastiques & Beneficiers de

A ij

ceſtuy noſtre Royaume, la faculté
de rerirer dans cinq ans les domaines, reuentes, & autres biens & reuenus alienez de leurs benefices depuis le deceds du Roy Henry II.
pour quelque cauſe, & ſous quelque pretexte que ce fuſt, enſemble
d'autres nos lettres à vo⁹ addreſſées
du 4. Septembre 1619. Par voſtre
Arreſt du 27. Iuin 1620. vo⁹ auriez
verifié noſdites lettres pour les biés
& reuenus alienez pour les ſubuen-
tiós accordées à nos predeceſſeurs
ſeulement, les excluant par là de
pouuoir retirer les autres biés, domaines & reuenus alienez ſous autres pretextes qui ſót de beaucoup
plus grande valeur & importance
pour leſdits Beneficiers, qui demeu-
rent beaucoup plus ruinez par les
ventes mal faictes & ſous faux &
ſuppoſez pretextes par les Cófiden-
tiaires & autres mauuais poſſeſſeurs

des benefices que nõ pas pour leſdites ſubuétions, ſous pretexte deſ-
quelles pluſieurs vſurpatiós ont e-
ſté & ſont faittes iournellemét có-
tre leſquelles leſdits Beneficiers ne
ſe peuuent pouruoir: Et pour ceſte
raiſon par nos dernieres Lettres
nous aurions leué telle reſtriction
& modification qui auot eſté déja
faicte par noſtre dite Cour de Par-
lement de Paris à la verification des
Lettres octroyées ſur ce ſujet par
noſtre tres-honoré Seigneur & Pe-
re. Et neantmoins parce que vous
auez par voſtredit Arreſt fait la
meſme modification, qui eſt de ſi
grande importance audit Clergé,
leſdits Agéts nous en ont fait plain-
te, & ſupplié ſur ce leur pouruoir
au deſir du dernier cótract d'entre
Nous & les Deputez generaux dudit Clergé, afin que leſdits Beneficiers ne ſoiét priuez d'vne bonne

A iij

partie de la grace que nous leur a-
uōs fait pour ledit rachapt & reünion, en laquelle nous auōs cōprins
toutes sortes de vétes & alienatiōs
faictes, tant pour lesdites subuen-
tions que toutes autres mesventes
faictes sous quelque pretexte que
ce soit. Novs à ces causes, veu
nosdittes Lettres, ensemble vostredit Arrest, Vous mandōs, & de
nostre grace spciale, puissance &
authorité Royale, enioignōs tres-ex
pressémét verifier puremét & sim-
plement nosdites Lettres du mois
de Iuillet 1616. & 4. Septébre 1619.
nonobstant vostredit Arrest, & ladite restrictió & modification, laquelle nous auons leuée & ostée,
leuons & ostons par ces presentes
signées de nostre main, que vous
prendrez pour finale iussion & té-
moignage expres de nostre vou-
loir & intétion. Car tel est nostre

plaiſir. DONNE' à Paris le 19,
iour de Mars l'an de grace 1621. Et
de noſtre regne le onziéme.

Signé, LOVIS.

Et plus bas, par le Roy,

DE LOMENIE,

Et ſeellé de cire iaune ſur ſim-
ple queuë.

Leuës & publiées en l'Audience du
Grand Cõſeil du Roy, & enregiſtrées
aux Regiſtres d'iceluy ; ſuiuant &
aux charges portées par l'Arreſt dudit Conſeil, du 26. du preſent mois.
Faiᴄt audit Conſeil, à Paris le 28.
iour de May 1621.

Signé MARTINEAV.

EXTRAICT DES
Registres du Grand Conseil du Roy

SVR LA REQVESTE preſentée au Conſeil par les Agens Generaux du Clergé de France, le 6. Auril 1621. tendant afin que les Lettres de iuſſion du 19. Mars audit an ſoient entherinées : & que nonobſtant l'Arreſt du Cóſeil du 27, Iuin 1620. les Lettres du 1. Septébre 1619. & l'Edict du mois de Iuillet 1616. ſoient verifiees, leuës, publiées & enregiſtrées au Creffe du Cóſeil, pour ioüir par ledit Clergé de l'effect & contenu en iceux, ſelon leur forme & teneur. VEV PAR LE CONSEIL ladite Requeſte, leſdites Lettres de iuſſion du 19. Mars par leſquelles le Roy auroit prolongé

longé aux Ecclesiastiques le pouuoir pendant cinq ans, de reünir à
leurs benefices les cens rentes &
domaines alienez, pour quelque
cause que ce soit, aux charges &
conditions contenuës en l'Edict du
mois de Septembre six cents treize,
nonobstant la restriction de l'Arrest du Conseil du vingt septiéme
Iuin mil six cents vingt. Ledit Arrest par lequel auroit esté ordonné
que lesdittes Lettres du quatriéme
Septembre mil six cens dix-neuf, &
Edict du mois de Iuillet, seroient
leuës, publiées & enregistrées au
Greffe dudit Conseil, pour joüir
par le Clergé de l'effect & contenu
ausdites Lettres & Edict selon leur
forme & teneur, sans esperáce d'au-
tre delay, & permis aux titulaires
des benefices reünir les domaines,
cens, rentes, & autres reuenus des
benefices alienez pour la subuen-

B

tion accordée au Roy seulement
pendant ledit temps de cinq ans.
Ledit Edict du mois de Septembre
mil six céts treize, par lequel le Roy
auroit prolongé aux Ecclesiastiques le delay à eux donné pour le
rachapt & reünion des biens des benefices alienez, pour le temps de
deux ans, & permis aux titulaires
des benefices de bailler le reuenu
des biens alienez pour seize, dix-
huict & vingt ans, pour le rachapt
du domaine, & ledit temps passé
reüny à perpetuité, & permis faire
proceder par nouuelles encheres, &
faire publications nouuelles par de-
uant les Commissaires deleguez, &
faire la códition de l'Eglise meilleu-
re. Contract faict par le Roy & les
Deputez du Clergé, par lequel le
Roy auroit promis audit Clergé la
prolongation de retirer les domaines, cens, rentes, alienez pendant le

temps de cinq ans, du huictieme Aouſt, mil ſix cents quinze. Ledit Edict dudit mois de Iuillet ſix cents ſeize par lequel le Roy auroit prolongé aux Eccleſiaſtiques, pendant le temps de cinq ans, la faculté de reünir à leurs benefices les domaines cens, & rentes alienez, pour quelque cauſe que ce ſoit, aux charges & conditions contenuës audit Edict du dit mois de Septembre ſix cents treize, Arreſts dudit Conſeil des trentiéme Septembre, & vingt-neuſiéme Octobre ſix cents huict. Concluſions du Procureur General du Roy. LE CONSEIL à ordonné & ordonne que leſdites Lettres du dix-neuſiéme Mars 1621. & quatriéme Septembre ſix céts dix-neuf & Edict du mois de Iuillet mil ſix cents ſeize ſeront leuës, publiées & enregiſtrées au Greffe dudit Conſeil, pour ioüir par le Clergé de

l'effect & contenu aufdites Lettres
& Edicts, felon leur forme & te-
ueur, pour les biens alienez pour la
fubuention accordée au Roy, fuiuant ledit Arreft dudit vingtfeptié-
me Iuin. Et pour le regard des biés
aliénez par lefdits Ecclefiaftiques
volontairement, & pour autres cau.
fes que pour les fubuentions accordées au Roy, le Confeil à ordonné & ordonne que les titulaires
des benefices, pendant ledit temps
de cinq ans, à compter du iour du
prefent Arreft, fans efperance d'au-
tre delay, rentreront en la poffeffió
& ioüiffance defdits biens, au cas
que lefdittes alienations ayent efté
faictes par fraude, ou qu'il y ayt de-
ception ou lezion euidente, depuis
quarante-quatre ans, fuiuant lefdits
Edicts. Et à ces fins a ledit Confeil
permis aux titulaires defdits benefices faire appeller audit Confeil

les possesseurs & detempteurs desdits biens, & fait defenses ausdits Ecclesiastiques de composer ny exiger aucune chose des possesseurs & detempteurs desdits biens, pour quelque cause que ce soit, à peine du quadruple. Et a ledit Conseil permis au Procureur General du Roy informer des compositions. A ordonné & ordonne qu'aux commissions qui seront deliurées, sera inseré que lesdits Ecclesiastiques ne pourront composer auec les possesseurs & detempteurs desdits biens, à peine du quadruple. Et enjoint aux titulaires des benefices, lors qu'ils auront fait donner assignations aux possesseurs & detempteurs desdits biens alienez, de pourfuiure lesdites assignations iusques au iugement diffinitif, à peine d'amende arbitraire. Le present Arrest a esté mis au Greffe dudit Conseil,

monstré au Procureur General du
Roy : &prononcé à Paris le vingt-
cinquiéme iour de May 1621.

Signé

MARTINEAV.

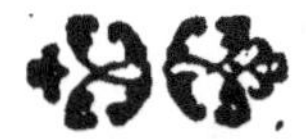